GUITAR • VOCAL

STRUM & SING

EAGLES

LYRICS, CHORD SYMBOLS AND GUITAR CHORD DIAGRAMS FOR 19 HIT SONGS

Cover photo: NBC/Photofest

ISBN 978-1-4950-6055-7

Visit Hal Leonard Online at
www.halleonard.com

Contact us:
Hal Leonard
7777 West Bluemound Road
Milwaukee, WI 53213
Email: info@halleonard.com

In Europe, contact:
Hal Leonard Europe Limited
42 Wigmore Street
Marylebone, London, W1U 2RN
Email: info@halleonardeurope.com

In Australia, contact:
Hal Leonard Australia Pty. Ltd.
4 Lentara Court
Cheltenham, Victoria, 3192 Australia
Email: info@halleonard.com.au

CONTENTS

Already Gone

Words and Music by
Jack Tempchin and Robb Strandlund

G   D   C   F

Intro

N.C. |G |D |C | |
|G |D |C |

Verse 1

||G |D |C |
Well, I heard some people talk - in' just the oth - er day,
|G |D |C |
And they said you were gonna put ___ me on a shelf.
| |G |D
But let me tell you, I got some news for you,
|C |
And you'll soon ___ find out it's true,
|G |D |C |
And then you'll have to eat your lunch ___ all by yourself.

Chorus 1

| ||G |D |C |
'Cause I'm al - ready gone,
| |G |D |C |
And I'm feel - in' strong.
| |G |D |C |
I will sing ___ this vict'ry song.
| |G |D |C |
Woo, hoo, hoo. ___ My, my. Woo, hoo, hoo.

Verse 2

||G |D |C |
The letter that you wrote ___ me made me stop and wonder why,
|G |D |C | |
But I guess you felt like you had to set things right.
|G |D |C |
Just remember this, ___ my girl, when you look up in the sky:
|G |D |C |
You could see the stars and still ___ not see the light. ___ That's right.

Chorus 2

Repeat Chorus 1

Guitar Solo

|: **G** | **D** | **C** | :| *Play 3 times*

| **G** | **D** | **C** | |

Verse 3

|| **G** | **D** | **C** | |

Well, I know it wasn't you ___ who held me down.

| **G** | **D** | **C** | |

Heaven knows it wasn't you ___ who set me free.

| **G** | **D** | **C** | |

So often times it hap - pens that we live our lives in chains,

| **G** | **D** | **C** | |

And we never even know ___ we had the key.

Chorus 3

|| **G** | **D** | **C** | |

But me, I'm al - ready gone,

| **G** | **D** | **C** | |

And I'm feel - in' strong.

| **G** | **D** | **C** | |

I will sing ___ this vict'ry song.

| **G** | **D** | **C** | |

'Cause I'm al - ready gone.

Outro-Chorus

| || **C** | **G** | **F** | |

Yes, I'm al - ready gone,

| **C** | **G** | **F** | |

And I'm feel - in' strong.

| **C** | **G** | **F** | |

I will sing ___ this vict'ry song.

| **C** | **G** | **F** | |

'Cause I'm al - ready gone.

| **C** | **G** | **F** | |

And I'm al - ready gone.

|: **C** | **G** | **F** | | :|

Al - ready gone.   *Repeat and fade*

Best of My Love

Words and Music by Don Henley,
Glenn Frey and John David Souther

Intro

‖: Cmaj7add2   C |Cmaj7add2   C |
|Fmaj7♯11   Fmaj7 |Fmaj7♯11   Fmaj7 :‖

Verse 1

|Cmaj7 C
Ev - ery night
   |Cmaj7 C |
I'm ly - in' in bed
|Fmaj7♭5 Fmaj7 |Fmaj7♭5 Fmaj7 |
 Hold - in' you close in my dreams;
|Cmaj7 C |
 Think - in' about all the things that we said
    |F | |
And comin' apart at the seams.
|Em7 |Dm7 |
   We tried to talk it o - ver
    |Em7 |F |
But the words come out too rough.
|Cmaj7 C
I know you were tryin'
  |Fmaj7 |Cmaj7 C |G G7 G6 G7 |
To give me the best of your love.

Verse 2

|Cmaj7 C
Beau - tiful faces,

   |Cmaj7 C |
An' loud   empty places.

|Fmaj7♭5 Fmaj7 |Fmaj7♭5 Fmaj7 |
         Look at the way that we live,

|Cmaj7 C
 Wast - in' our time

     | |
On cheap talk and wine

|F |
     Left us so little to give.

   |Em7
The same old crowd

         |Dm7
Was like a cold dark cloud

   |Em7 |F |
That we could never rise above,

   |Cmaj7 C
But here   in my heart

|Fmaj7 |Cmaj7 C |G G7 G6 G7 |
I give you the best of my love.

              |C | |
Chorus 1   Whoa, ___ sweet dar - lin',

| |F
 You get the best of my love,

                          |
(You get the best of my love.)

        |Cmaj7 |
Whoa, ___ sweet dar - lin',

| |F
 You get the best of my love.

                        | |
(You get the best of my love.)

Bridge

```
|Fm          |
```
Oo, I'm goin' back in time
```
        |Cmaj7       |
```
And it's a sweet dream.
```
|        |Fm
```
 It was a quiet night
```
              |
```
And I would be alright
```
         |Dm7 |G7
```
If I could go on sleeping.

Verse 3

```
        |Cmaj7  C
```
But ev - 'ry morning
```
 |Cmaj7  C
```
I wake   up and worry
```
Fmaj7♭5   |F                        |
```
          What's gonna happen today.
```
|Cmaj7 C
```
 You   see it your way,
```
     |Cmaj7  C
```
And I   see it mine,
```
      |F                  |        |
```
But we both see it slippin' away.
```
|Em7                       |Dm7      |
```
    You know, we always had each other, baby.
```
|Em7                  |F        |
```
    I guess that wasn't e - nough.
```
|        |Cmaj7  C
```
 Oh, but here   in my heart
```
 |Fmaj7              |Cmaj7  C  |G
```
I give you the best of my love.

Chorus 2   ***Repeat Chorus 1 till fade***

8

Busy Being Fabulous

Words and Music by Don Henley,
Glenn Frey and Steuart Smith

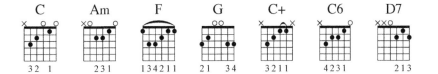

Intro ‖: C |Am |F |G :‖

Verse 1

|C |Am   G |
I came home to an emp - ty house

|C |Am   G |
And I found your little note.

|F |G |
Don't wait up for me tonight.

|F   G | |
And that was all she wrote.

|C   Am | G |
Do you think I don't know that you're out on the town

|C   Am | G |
With all of your high ___ rollin' friends?

|F   G | |
What do you do when you come up empty?

|F |G |
Where do you go when the party ends?

Chorus 1

```
                      ‖C              |Am           |
```
And you were just too busy being fabulous.
```
|F         |G           |
```
   Too busy to think about us.
```
|C                    |Am          |
```
   I don't know what you were dreamin' of
```
|F                  |G
```
   But somehow you for - got about love.
```
                |C            |F      G
```
And you were just too busy being fabulous,
```
       |C        |        ‖
```
Ah, huh.

Verse 2

```
|C        Am   |      G   |
```
   A little time in the country.
```
|C          Am     |      G   |
```
   A day or two to slow ____ down.
```
|F          G   |              |
```
   A bottle of wine and a walk in the moonlight.
```
|F                |G      |
```
   Maybe some foolin' a - round.
```
|C               Am   |     G   |
```
   But you think time is just a magazine
```
|C        Am  |   G   |
```
   And money's just a thrill.
```
|F            G      |              |
```
   I've waited so long for you to change your way of livin'
```
|F            G   |
```
   But now, I realize that you never will.

Chorus 2

```
                 ‖C           |Am        |
```
'Cause you were just too busy being fabulous.
```
|F      |G          |
```
   Too busy to think about us.
```
|C                |Am         |
```
   Lookin' for something you'll never find.
```
|F              G   |
```
   You'll never know what you left behind.
```
           |C          |F     G
```
'Cause you were just too busy being fabulous,
```
     |C      |     ‖
```
Ah, huh.

Bridge

```
|C          C+    |C6        C+          |
    You tell a joke and evry'body's laughin'.
|C                C+              |C6    C+    |
    That's somethin' you know how to do.
|C              C+        |C6        C+        |
    You've always been     the life of the party,
|D7                      |G
    But now, my baby, the joke is on you.
```

Chorus 3

```
                        ‖C                |Am              |
    'Cause you were just too busy being fabulous.
|F          |G              |
    Too busy to think about us.
|C                          |Am              |
    Runnin' after something that never comes.
|F                              |G
    What in the world are you runnin' from?
                    |C                  |F          |
And you were just too busy being fabulous,
|F          |G              |
    Too busy to think about us.
|C                          |Am          |
    To drink the wine from your winner's cup.
    |F                          |G
To notice the children were growin' up.
                |C              |Am          |
And you were just too busy being fabulous,
|F          |G              ‖
    Too busy,    too busy.
```

Outro

```
‖:C          |Am        |F        |G            :‖
|C          |Am        |F        |G          |C          ‖
```

Desperado

Words and Music by
Don Henley and Glenn Frey

G	G7	C	Cm6	Em	A7sus2	D	G7sus2

Em7	A7	D7	Gsus²₄	G/D	B/D♯	D/F♯	Bm7

C/D	C9sus4	G/B	Am7	D7sus4	Dm7	Dm7/B

Intro

|G   G7 |C   Cm6 |G   Em |A7sus4   D |

Chorus 1

| ‖G |G7sus2 |C |Cm6
Despera - do,   why don't you come to your sens - es?

        |G |Em7 |A7 |D7
You been out ridin' fenc - es for so long now.

           |G |Gsus²₄ |C |Cm6
Oh, you're a hard one,   but I know that you got your reasons.

     |G/D   B/D♯ |Em7
These things that are pleas - in' you

   |A7   D7 |G |D/F♯
Can hurt you somehow.

Verse 1

         ‖Em7 |Bm7
Don't you draw the queen of dia - monds, boy,

      |C |G   D/F♯
She'll beat you if she's a - ble,

         |Em7 |C |G |
You know the queen of hearts is al - ways your best bet.

|D/F♯ |Em7 |Bm7
     Now it seems to me some fine ____ things

      |C |G
Have been laid upon your ta - ble,

      |Em7 |A7 |C/D |
But you only want the ones ____ that you can't get.

Chorus 2

|D7   ‖G |G9sus4 |C |
   Despera - do,   oh, you ain't ___ gettin' no younger.

G/B Am7 |G   D/F♯ |Em7
    Your pain and your hun - ger,

   |A7 |D7
They're driving you home.

  |G |G9sus4 |C |
And freedom, old freedom, well, that's just some people talkin',

| G/B Am7 |G/D B/C♯ |Em7
     Your prison is walk - in'

    |A7   D7 |G |D/F♯
Through this world all alone.

Verse 2

    ‖Em7 |Bm7
Don't your feet get cold in the winter time?

  |C |G   D/F♯
The sky won't snow and the sun won't shine.

|Em7 |C |G |
It's hard to tell the night - time from the day.

| |Em7 |Bm7
  You're losin' all your highs ___ and lows;

  |C |G |Am7 | |D7sus4 |
Ain't it funny how the feel - in' goes a - way?

Chorus 3

|D7   ‖G |Dm7   Dm7/B |C |Cm6
   Despera - do,   why don't you come to your sens - es?

 |G |D/F♯ |Em |A7 |D7
Come down from your fenc - es;   open the gate.

  |G |Dm7   Dm7/B |C |Cm6
It may be rainin',   but there's a rainbow above you.

   |G   D/F♯ |Em7 |C   G/B |Am7
You better let some - body love ___ you. (Let some - body love ___ you.)

   |G/D   B/D♯ |Em
You better let some - body love ___ you,

 |C/D |G   G7 |C Cm6 |G   ‖
Be - fore it's too late.

Doolin-Dalton

Words and Music by Glenn Frey, Don Henley,
J.D. Souther and Jackson Browne

(Capo 2nd fret)

G   G/F#   Em   G7   C   A   D/F#   B7
3 2   4   2   4   2 3   3 2 4   1   3 2 1   1 2 3   T   1 3 2   2 1 3   4

A7   Bm   Csus2/B   Am   G/B   D   E
2   3   1 3 4 2 1   2   1   2 3 1   1   3 4   1 3 2   2 3 1

Intro

|G   G/F# |Em |G |Em |
|G   G7 |C |Em |A   C |
|G   D/F# |

Verse 1

       ||Em |G
They were Doolin, Doolin Dal - ton.
    |Em |G
High or low, it was the same.
G7 |C |Em
    Easy money, and faithless women,
    |A   C |G   B7 ||
Redeye whiskey   for the pain.

Verse 2

|Em |G   B7 |
    Go down Bill Dalton, it must be God's will.
|Em |G   G7 |
    Two brothers lying dead in Coffeeville.
|C |Em |
    Two voices call to you from where they stood,
|A7 |C   G
    "Lay down your law books now, they're no damn good."

Verse 3

D/F♯ ‖Em |G
Better keep on movin', Doolin Dal - ton,

           |Em |G
Till your shad - ow sets you free.

G7 |C |Em
  If you're fast, ____ and if you're lucky,

  |A7   C |G |
You will never see that hangin' tree.

Bridge

     ‖Bm   G |C   Csus2/B
Well, the towns lay out across ____ the dusty plains

    |Am |Em
Like grave - yards filled with tombstones waiting for the names.

 |G   Am G/B |C   Csus2/B
And a man could use his back ____ or use his brains.

   |Am |D   B7
But some ____ just went stir crazy, Lord, 'cause nothing ever changed

Outro

   ‖Em |G
Till Bill Doolin met Bill Dal - ton.

            |Em |G   G7
He was working cheap, ____ just biding time.

         |C |Em
Then he laughed, ____ and said, "I'm go - ing."

 |A7   D |G
And so he left that peaceful life behind.

D/F♯ |Em G7 |C G/B |Am   D |E   ‖
Hi. _____ Mm. ___ Mm. Mm.

Heartache Tonight

Words and Music by Don Henley, Glenn Frey,
John David Souther and Bob Seger

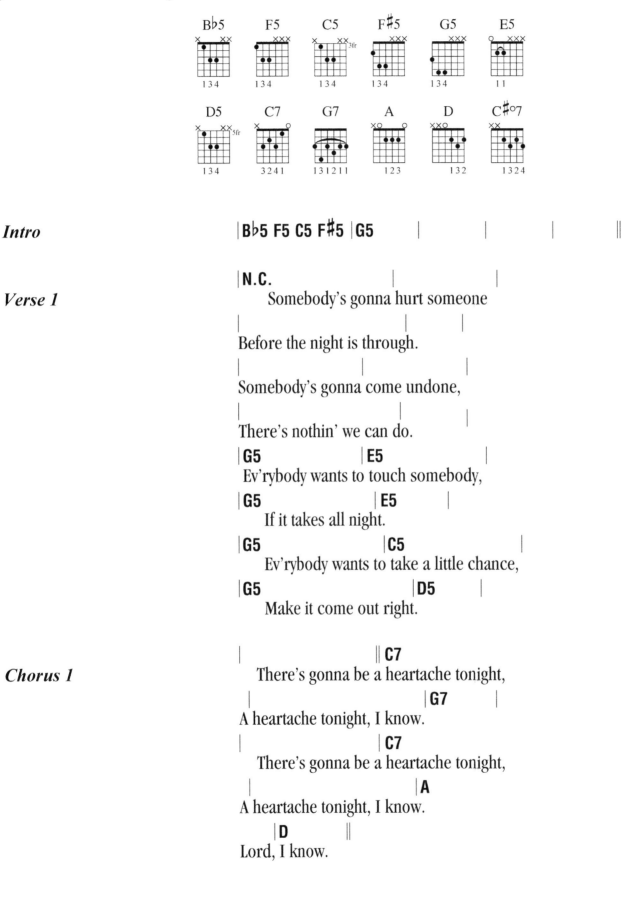

Intro |Bb5 F5 C5 F#5 |G5 | | | ‖

Verse 1

|N.C. | |
       Somebody's gonna hurt someone
| | |
Before the night is through.
| | |
Somebody's gonna come undone,
| | |
There's nothin' we can do.
|G5 |E5 |
 Ev'rybody wants to touch somebody,
|G5 |E5 |
  If it takes all night.
|G5 |C5 |
  Ev'rybody wants to take a little chance,
|G5 |D5 |
  Make it come out right.

Chorus 1

| ‖C7
  There's gonna be a heartache tonight,
| |G7 |
A heartache tonight, I know.
| |C7
  There's gonna be a heartache tonight,
| |A
A heartache tonight, I know.
|D ‖
Lord, I know.

Verse 2

| G5 |E5 |

```
|G5                          |E5                |
     Some people like to stay out late.
|G5                              |E5
 Some folks can't hold out that long.
   |G5            |C5                  |
But nobody wants to go home now;
|G5                          |D5        |           |
     There's too much goin' on.
|G5                      |E5           |
     This night is gonna last forever.
|G5                      |E5           |
 Last all, last all summer long.
|G5                      |C5                |
     Some time before the sun comes up
|G5                  |D5              |
 The radio is gonna play that song.
```

Chorus 2

```
   |                    ‖ C7
     There's gonna be a heartache tonight,
   |                          |G7       |
A heartache tonight, I know.
   |                 |C7
     There's gonna be a heartache tonight,
   |                          |A
A heartache tonight, I know.
      |D
Lord, I know.
                     |G5
There's gonna be a heartache tonight,
      |
The moon's shinin' bright,
   |C7
So turn out the light,
     |C♯°7
And we'll get it right.
                     |G5
There's gonna be a heartache tonight,
 |D5                      |G5      |          ‖
A heartache tonight, I know.
```

Interlude

|B♭5 F5 C5 F♯5 |G5 |

|B♭5 F5 C5 F♯5 |G5   ‖

Verse 3   *Repeat Verse 1*

Chorus 3   *Repeat Chorus 1*

Outro

　　　　 |**G5**
We can beat around the bushes,

　　　　|
We can get down to the bone,

　　　　|**C7**
We can leave it in the parking lot,

　　　|**C♯○7**
But either way,

　　　　　　 |**G5**
There's gonna be a heartache tonight,

 |**D5** |**G5**
A heartache tonight, I know.

　　　|**C7**
Oh, I know.

　　　　　　|**G5**
There'll be a heart - ache tonight,

 |**D5** |**G5** | ‖
A heartache tonight, I know.

‖:**B♭5 F5 C5 F♯5** |**G5**   :‖ *Play 3 times*

 |**B♭5 F5 C5 F♯5** |**G5** | ‖

Hotel California

Words and Music by Don Henley,
Glenn Frey and Don Felder

(Capo 7th fret)

Em   B7   Dsus2   A9/C#   C   G   Am7   A7

Intro

‖: | Em | B7 | Dsus2 | A9/C# | |
| C | G | Am7 | B7 :‖

Verse 1

| Em | B7 |
On a dark desert highway,   cool wind in my hair,
| Dsus2 | A7 |
Warm smell of colitas   rising up through the air,
| C | G |
Up ahead in the distance   I saw a shimmering light,
| Am7 | B7 ‖
My head grew heavy and my sight grew dim,   I had to stop for the night.

Verse 2

| Em | B7 |
There she stood in the doorway,   I heard the mission bell,
| Dsus2 | A7 |
And I was thinking to myself, "This could be heaven or this could be hell."
| C | G |
Then she lit up a candle   and she showed me the way,
| Am7 | B7 ‖
There were voices down the corridor,   I thought I heard them say:

Chorus 1

  |C |G
  Welcome to the Hotel Califor - nia,
    |B7 |Em |
Such a lovely place, (Such a lovely place.) such a lovely face.
|C |G
 Plenty of room at the Hotel Califor - nia,
   |Am7 |B7 ||
Any time of year, (Any time of year.) you can find it here.

Verse 3

|Em |B7 |
  Her mind is Tiffany twisted, she got the Mercedes-Benz, huh!
|Dsus2 |A7 |
  She got a lot of pretty, pretty boys she calls friends.
|C |G |
  How they dance in the courtyard, sweet summer sweat,
|Am7 |B7 ||
  Some dance to remember, some dance to forget.

Verse 4

|Em |B7
  So I called up the captain, "Please, bring me my wine."
    |Dsus2 |A7 |
He said, "We haven't had that spirit here since nineteen sixty-nine."
|C |G |
  And still those voices are calling from far away,
|Am7 |B7 ||
  Wake you up in the middle of the night just to hear them say:

Chorus 2

| C | | | | | G |
Welcome to the Hotel Califor - nia,

| B7 | | | | | Em |
Such a lovely place, (Such a lovely place.) such a lovely face.

| C | | | | | G |
They're livin' it up at the Hotel Califor - nia.

| Am7 | | | | | B7 | ‖
What a nice surprise; (What a nice surprise.) bring your alibis.

Verse 5

| Em | | | | B7 |
Mirrors on the ceiling,   the pink champagne on ice,

| Dsus2 | | | | | A9/C♯ | |
And she said,   "We are all just prisoners here   of our own device."

| C | | | | G | |
And in the master's chambers   they gathered for the feast.

| Am7 | | | | | B7 | ‖
They stab it with their steely knives but they just can't kill the beast.

Verse 6

| Em | | | | B7 | |
Last thing I remember I was   running for the door,

| Dsus2 | | | | A7 | |
I had to find the passage back to the place I was before.

| C | | | | | G | |
"Relax," said the night man, "we are   programmed to receive.

| Am7 | | | | | B7 | ‖
You can check out any time you like,   but you can never leave."

Outro-Guitar Solo   ‖: Em | B7 | Dsus2 | A7 | |
| C | G | Am7 | B7   :‖ *Play 4 times and fade*

Hole in the World

Words and Music by
Don Henley and Glenn Frey

A	F#m	E	C#m	B	G#m	F#	D#m
1 2 3	1 3 4 1 1 1	2 3 1	1 3 4 2 1	1 3 3 3	1 3 4 1 1 1	1 3 4 2 1 1	1 3 4 2 1

Chorus 1

‖A   F#m   E |
There's a hole in the world to - night.

| |A   F#m   E |
There's a cloud of fear and sor - row.

|A   F#m   E |
There's a hole in the world to - night.

| C#m |F#m   E   A | ‖
Don't let there be a hole in the world to - mor - row.

Verse 1

|A   F#m   E | |
They say that anger is just love disappointed.

|A   F#m   E| |
They say that love is just a state of mind.

|A   F#m   E | C#m |
But all this fighting o - ver who is a - nointed.

|F#m E |A
Oh, how can people be so blind?

Chorus 2   *Repeat Chorus 1*

Verse 2

```
|A          F#m            E|                    |
     Oh, they tell me there's a  place over yonder.
|A             F#m               E |                    |
     Cool water running through the burning sand.
|A      F#m        E |              C#m      |
     Un - til we learn to  love one an - other,
|F#m        E                |A
     We will never reach the promised land.
```

Chorus 3   *Repeat Chorus 1*

Verse 3

```
|B               G#m      F# |                    |
     They say that anger is just love disappointed.
|B               G#m          F#|              |
     They say that love is just a    state of mind.
|B              G#m          F# |              D#m      |
     But all this fighting o - ver who will be a - nointed.
|G#m F#                    |B
     Oh, how can people be so blind.
```

Chorus 4

```
         ‖N.C.                           |
There's a hole in the world tonight.
    |             |                |
     There's a cloud of fear and sor - row.
                  |                    |
There's a hole in the world tonight.
    |                      |                    |
     Don't let there be a hole in the world tomor - row.
```

Outro-Chorus

```
         ‖: B          G#m       F#      |
There's a hole in the world to - night.
    |            |B        G#m    |F#
     There's a cloud of fear and sorrow.
             |B         G#m       F#     |
There's a hole in the world to - night.
|D#m                  |G#m       F#         |B
Don't let there be a hole in the world tomor - row.
                       :‖
There's a     Repeat and fade w/ vocal ad lib.
```

I Can't Tell You Why

Words and Music by Don Henley,
Glenn Frey and Timothy B. Schmit

Bm7   A/B   F#m7   Dmaj7   Gmaj7   F#7sus4   F#7   Bm   Aadd9/B

Intro

| Bm7 A/B | | Bm7 A/B | | |
| Bm7 A/B | | Bm7 F#m7 | |

Verse 1

|Dmaj7 | |
Look at us, baby, up all night

|Gmaj7 | |
Tearin' our love apart.

|Dmaj7 |
Weren't we the same two peo - ple

         |Gmaj7 |
Who lived through years ___ in the dark?

|F#7sus4 F#7 ||
Ah.

Pre-Chorus 1

|Bm |Aadd9/B |
   Ev'ry time I try to walk away,

|Gmaj7 |F#7sus4   F#7
   Something makes me turn a - round and stay.

Chorus 1

   ||Bm |Aadd9/B |Gmaj7 F#m7 | ||
And I ___ can't tell you why.

Verse 2

|Dmaj7 | |
When we get crazy it just ain't right,

|Gmaj7 |
Girl, I get lonely, too.

  |Dmaj7 | |
You ___ don't have to worry, just hold on tight

|Gmaj7 |F#7sus4 F#7 ||
'Cause I love   you.

Pre-Chorus 2

|Bm |Aadd9/B |

   Nothing's wrong, as far as I can see.

|Gmaj7 |F#7sus4 F#7

   We make it harder than it has to be.

Chorus 2

‖Bm |Aadd9/B

And I ____ can't tell you why,

|Gmaj7 |F#7sus4 F#7

No, baby, I can't tell you why.

|Gmaj7 |F#m7   ‖

I ____ can't tell you why.

Interlude

| Bm7 A/B | | Bm7 F#m7 | ‖

Guitar Solo 1

Repeat Verse 1 (Instrumental)

Pre-Chorus 3

|Bm |Aadd9/B |

   Ev'ry time I try to walk away,

|Gmaj7 |F#7sus4   F#7

   Something makes me turn a - round and stay.

Chorus 3

‖Bm |Aadd9/B

And I ____ can't tell you why.

          |

Don't you know, baby,

|Gmaj7 |F#7sus4 F#7

 I can't tell you why.

|Gmaj7 |F#m7 |

I ____ can't tell you why.

|Gmaj7 |F#m7   ‖

 I can't tell you why.

Outro-Guitar Solo

‖:Gmaj7 |F#m7   :‖ *Play 19 times and fade*

Learn to Be Still

Words and Music by
Don Henley and Stan Lynch

(Capo 2nd fret)

E   A   B   Asus2   C#m7   G#m7

2 3 1   1 2 3   1 3 3 3   1 2   1 3 4   1 3 1 1 1 1

Intro

|E |A |E |A |

|E |A |B | ‖

Verse 1

|E |Asus2 |
It's just another day in par - adise

|C#m7 |B |
As you stumble to your ___ bed.

|E |Asus2 |
You'd give anything to si - lence

|C#m7 |B   ‖
Those voices ringing in your ___ head.

Pre-Chorus 1

|C#m7 |Asus2 |
You thought you could find ___ happiness

|C#m7 |Asus2 |
Just over that green ___ hill.

|C#m7 |G#m7 |
You thought you would be satisfied,

|Asus2 |B |
But you never will.

Chorus 1

                    ‖E |Asus2 |E |Asus2 ‖
Learn to be still.

Verse 2

```
|E                                    |Asus2   |
    We are like sheep without a shep - herd,
|C#m7                    |B        |
    We don't know how to be a - lone.
|E                          |Asus2   |
    So we wander 'round this desert
|C#m7                              |B                    ||
    And wind up following the wrong ___ gods home.
```

Pre-Chorus 2

```
|C#m7                    |A            |
    But the flock cries out for another
|C#m7                            |A          |
    And they keep answering that ___ bell.
|C#m7                |G#m7      |
    One more starry-eyed messiah
|A                      |B
    Meets a violent fare - well.
```

Chorus 2

```
                ||E      |Asus2  |E       |Asus2
Learn to be still.
                |E      |Asus2  |E       |Asus2  ||
Learn to be still.
```

Bridge

```
|B                              |        |
    Now the flowers in your garden
|A                          |        |
    They don't smell so sweet, so sweet.
|B                      |      |
    Maybe you've for - gotten
|C#m7                        |B      |
    The heaven lying at your ___ feet.
|                              ||
    Yeah, yeah, yeah.
```

Guitar Solo   ‖: E | |Asus2 | :‖

Verse 3

|E |Asus2 |
    There are so many contradic - tions

|C#m7 |B
    In all these messages we ____ send.

          |E |Asus2 |
We keep asking, "How do I get out of here?

|C#m7 |B   ‖   ‖
    Where do I fit ____ in?"

Pre-Chorus 3

|C#m7 |A |
    An' though the world is torn and shaken,

|C#m7 |A |
    Even if your ____ heart is breakin'

|C#m7 |G#m7 |
    It's waiting for you ____ to awaken

|A |B
    And some day you will.

Chorus 3

          ‖ E |Asus2 |E |
Learn to be still.

Outro

|Asus2   ‖ E |Asus2 |E |Asus2   ‖
    You just keep on runnin',   keep on ____ runnin'.

‖: E |Asus2   :‖ *Repeat and fade w/ vocal ad lib.*

Lyin' Eyes

Words and Music by
Don Henley and Glenn Frey

G   Gmaj7   C   Am   D7   Am7

C/G   D/F#   Em   Bm   G9sus4   A7

Intro

| G | Gmaj7 | C | | |
| Am | D7 | G | | ‖

Verse 1

| G | Gmaj7 | C | | |
City girls just seem to find out early
| Am | | D7 | |
How to open doors with just a smile.
| G | Gmaj7 | C | |
A rich old man and she won't have to wor - ry;
| Am | C | G | | ‖
She'll dress up all in lace ___ and go in style.

Verse 2

| G | Gmaj7 | C | |
Late at night a big old house gets lone - ly.
| Am | | D7 | |
I guess ev'ry form of refuge has its price.
| G | Gmaj7 | C | |
And it breaks her heart to think her love is on - ly
| Am | C | G | Am7   D7 |
Given to a man with hands ___ as cold as ice.

Verse 3

‖ G | Gmaj7 | C | |
So she tells him she must go out for the eve - ning
| Am | | D7 | |
To comfort an old friend who's feelin' down.
| G | Gmaj7 | C | |
But he knows where she's go - in' as she's leavin';
| Am | C | G   D7 | G |
She is headed for the cheatin' side of town.

Chorus 1

```
          ‖G    |C/G              |G   C/G  |G
You can't hide ___ your lyin' eyes,
          |Em   |Bm             |Am        |
And your smile ___ is a thin dis - guise.
|D7          |G  |G9sus4        |C     |A7
  I thought by now ___ you'd realize
      |Am               |D7
There ain't no way to hide ___ your lyin' eyes.
```

Interlude 1   *Repeat Intro*

Verse 4

```
          ‖G              |Gmaj7        |C        |
On the other side of town ___ a boy is wait - ing
      |Am         |              |D7        |
With fiery eyes and dreams no one could steal.
   |G              |Gmaj7        |C         |
She drives on through the night anticipat - ing,
          |Am              |C            |G     |Am7  D7
'Cause he makes her feel the way she used to feel.
```

Verse 5

```
          ‖G              |Gmaj7        |C        |
She rushes to his arms, ___ they fall to - gether.
      |Am         |         |D7        |
She whispers that it's only for a while.
   |G              |Gmaj7           |C      |
She swears that soon she'll be comin' back forev - er;
      |Am         |C                |G    D7 |G
She pulls away and leaves him with a smile.
```

Chorus 2   *Repeat Chorus 1*

Interlude 2   *Repeat Intro*

Verse 6

```
 |G              |Gmaj7              |C       |
  She gets up and pours herself a strong ___ one
      |Am         |             |D7       |
And stares out at the stars up in the sky.
      |G         |Gmaj7          |C       |
An - other night; it's gonna be a long ___ one.
      |Am                |C             |G     |Am7  D7
She draws the shade and hangs ___ her head to cry.
```

Verse 7

```
    ‖G              |Gmaj7      |C          |
She wonders how it ever got this crazy;
   |Am            |                |D7       |
She thinks about a boy she knew in school.
   |G              |Gmaj7          |C          |
Did she get tired, or did she just get la - zy?
   |Am              |C              |G         |         |
She's so far gone she feels ____ just like a fool.
```

Verse 8

```
|G              |Gmaj7                  |C          |
 My, oh, my, you sure know how to arrange ____ things.
    |Am            |            |D7       |
You set it up so well, so careful - ly.
     |G              |Gmaj7              |C          |
Ain't it funny how your new ____ life didn't change ____ things?
     |Am            |C              |G    D7 |G
You're still the same old girl you used to be.
```

Chorus 3

```
          ‖G  |C/G            |G   C/G  |G
You can't hide ____ your lyin' eyes,
         |Em  |Bm            |Am       |
And your smile ____ is a thin dis - guise.
|D7          |G  |G9sus4        |C      |A7
  I thought by now ____ you'd realize
   |Am              |D7              |G      |Gmaj7
There ain't no way to hide ____ your lyin' eyes.
   |Am              |D7              |G      |Gmaj7    |
There ain't no way to hide ____ your lyin' eyes.
|Am            |D7            |G   |Gmaj7 |Am   |D7   |G  C |G     ‖
 Honey, you can't hide your lyin' eyes.
```

Midnight Flyer

Words and Music by
Paul Craft

D5   G   D   Bm   Em   A   C

Intro ‖: D5 | | | :‖

Chorus 1

|G | | | |D | |
Oo, _____ Midnight Flyer.

|G | | |D | |
Engineer, won't you let your whistle moan?

|G | | | |D | |Bm |
Oo, _____ Midnight Flyer.

|Em | |A | |D |
Paid my dues and I feel like trav'lin' on.

Verse 1

| ‖D | G | D |
        A runaway team of horses ain't e - nough to make me stay,

|G | | | |A |
So throw your rope on an - other man and pull him down your way.

|D | |G |D | |Bm |
        Make him into someone to take the place of me.

|Em | | |A |D | | ‖
        Make him ev'ry kind of fool you wanted me to be.

Chorus 2 *Repeat Chorus 1*

Verse 2

|D |G |D | |
Maybe I'll go to Santa Fe,   maybe San An - tone.

|G | | |A |
Any town is where I'm bound, any way to get me gone.

|D |G |D |Bm |
Don't think a - bout me, never let me cross your mind,

|Em | |A |D | ‖
'Cept when you hear that midnight lonesome whistle whine.

Chorus 3   *Repeat Chorus 1*

Instrumental   *Repeat Verse 1 (Instrumental)*

Chorus 4

|G | | |D | |
Oo, _____ Midnight Flyer.

|G | |D | |
Engineer, won't you let your whistle moan?

|G | | |D |Bm |
Oo, _____ Midnight Flyer.

|G |A |D |Bm |
Paid my dues and I feel like trav'lin' on.

|G |A |C |G | |
Paid my dues, and I feel like trav'lin' on.

‖:D | | | :‖

Outro

‖:D | | | :‖

‖:C | |G | |

|D | | | :‖ ***Repeat and fade***

Peaceful Easy Feeling

Words and Music by
Jack Tempchin

E   Esus4   A   B7   B7/F#   F#m11   B7sus4

Intro   ‖: E | Esus4   :‖ *Play 4 times*

Verse 1

|E |A |E |A |
I like the way ____ your sparkling ear - rings lay
|E |A |B7 | |
Against your skin so brown.
|E |A |E |A |
And I wanna sleep with you in the desert tonight,
|E |A |B7 |
With a billion stars all around.

Chorus 1

| ‖A |E | |
'Cause I got a peaceful easy feel - ing,
|A |B7/F# |B7
And I know you won't let me down,
      |E |F#m11 |A |
'Cause I'm al - ready stand - ing
|B7 |E | Esus4 |E | Esus4   ‖
On the ground.

Verse 2

|E |A |E |A |
And I found out a long time ago
|E |A |B7 | |
What a woman can do ____ to your soul.
|E |A |E |A |
Aw, but she ____ can't take you anyway
|E |A |B7 |
You don't already know ____ how to go.

Chorus 2

```
                    ‖A    |          |E      |       |
```
And I got a peace - ful easy feel - ing,
```
|A              |              |B7sus4  |B7
```
   And I know you won't let me down,
```
        |E  |F#m11    |A     |
```
'Cause I'm al - ready stand - ing
```
|B7          |E    | Esus4  |E    | Esus4      ‖
```
   On the ground.

Guitar Solo

```
‖:E        |A        |E        |A        |
|E        |A        |B7       |         :‖
|A        |         |E        |         |
|A        |         |B7       |         |
|E        |F#m11    |A        |B7       ‖
```

Verse 3

```
|E           |A       |E    |A    |
```
   I get this feel - ing I may know you
```
|E       |A           |B7      |      |
```
   As a lov - er and a friend.
```
|E                    |A       |E        |A
```
   But this voice keeps whispering in my other ear,
```
        |E           |A       |B7       |
```
Tells me I may never see you again.

Chorus 3

```
|           ‖A    |          |E      |       |
```
   'Cause I get a peace - ful easy feel - ing,
```
|A              |              |B7sus4  |B7      |
```
   And I know you won't let me down,
```
        |E  F#m11        A        B7
```
'Cause I'm al - ready stand - ing.
```
    E  |F#m11 |A        |B7
```
I'm al - ready standing.
```
        |E  |F#m11 |A        |B7                  ‖
```
Yes, I'm al - ready standing   on the ground.

Verse 3

```
|E       |F#m11    |A        |B7       |
```
    (Ooh.)   Whoa.
```
|E       |F#m11    |A        |B7       |
```
    (Ooh.)
```
|E       |F#m11    |A        |B7       |E      ‖
```
    (Ooh.)

The Sad Café

Words and Music by Don Henley, Glenn Frey,
Joe Walsh and John David Souther

B   Em   F#7   F#7add4   Em/C#   G#m

D#m   C#m7   F#7sus4   F#7add4*   Esus4   E

Intro

B Em	F#7	B	
Em	F#7add4	F#7 B	
Em	F#7add4	B	
Em	F#7add4	F#7 B		

Verse 1

|B   Em | F#7add4 | B |
Out in the shin - y night, the   rain was softly fall - ing.
| Em | F#7add4 | F#7   B | |
The tracks that ran down the boulevard had   all been washed a - way.
| Em | F#7add4 | B | |
Out of the sil - ver light, the   past came softly call - ing.
| Em | F#7add4 | F#7   B | | ||
And I remember the times ___ we spent in   -   side the Sad Ca - fé.

Verse 2

|B   Em | F#7add4 | F#7 B | |
Oh, it seemed like a ho - ly place, pro - tected by a - ma - zing grace.
| Em | F#7add4 | F#7   B | |
And we would sing right ___ out loud the   things we could not say.
| Em |
We thought we could change ___ this world
F#7add4 | F#7   B | |
With   words like "love" and "free - dom."
| Em/C# | F#7add4 | F#7   B | ||
And we were part of the lone - ly crowd, in   -   side the Sad Ca - fé.

Bridge 1

```
|G#m  |                    |D#m         |
Oh, ____ expecting to fly.
|            |G#m                  |
    We would meet on that beautiful shore
                          |C#m7   |F#7      ||
In the sweet bye and bye.
```

Verse 3

```
|B          Em        |              F#7add4 |                B |      |
   And some of their dreams ___ came true, and      some just passed a - way.
|                Em/C# |         F#7add4 |      F#7      B |      ||
And some of them stayed ___ behind in    -    side the  Sad Ca - fé.
```

Guitar Solo

```
|B        Em  |   F#7add4 |        B |              |
|        Em/C# |   F#7add4 |     F#7 B |
```

Bridge 2

```
|| F#7sus4      F#7add4* |     |F#7sus4   F#7add4* |        |
The clouds   rolled        in, and hid that              shore.
|F#7sus4  F#7add4* |        |F#7sus4       F#7add4* |        |
 Now that        glory train, it don't stop here no more.
|Esus4           E    |          Esus4 |                E |      |
   Now I look at the years ___ gone by and won  -  der at the powers that be.
|F#7sus4           F#7add4* |                      |
   I don't know why fortune smiles     on some,
|F#7sus4           F#7add4* |              ||
   And lets the rest go free.        Mm.
```

Verse 4

```
|B        Em   |           F#7add4 |        B |      |
   Maybe the time ___ has drawn the      faces I re - call.
|                Em   |       F#7add4 |     F#7      B |      |
But things in this life change very slowly if they      ev  -  er change at all.
|            Em   |     F#7add4 |              B |      |
   It's no use in ask  -  ing why, it       just turned out that way.
|            Em/C# |        F#7add4 |      F#7      B |      |
So, meet me at mid  -  night, baby, in    -    side the  Sad Ca - fé.
|                Em/C# |       F#7add4 |      F#7      B |      ||
Why don't you meet me at mid  -  night, babe, in    -    side the  Sad Ca - fé?
```

Outro-Sax Solo

```
||: B        |    Em/C#   |    F#7 B |            :|| Repeat and fade
```

Saturday Night

Words and Music by Don Henley, Glenn Frey,
Randy Meisner and Bernie Leadon

G   Em   Am7   D7   D   C

Dm7   Am   G7   C/G   E7   C#°7

Intro

```
‖G        |Em       |Am7      |         |
|D7       |         |G        |D        ‖
```

Verse 1

```
|G                |Em             |Am7          |
Seems like a dream now, it was so long ago,
|        |D7                      |         |C       |D
     The moon burned so bright ___ and the time ___ went so slow.
        |G               |Em           |Am7         |
And I swore that I loved ___ her and gave her a ring,
|        |D          |         |G       |         ‖
     The bluebird was high on the wing.
```

Chorus 1

```
|Am7     |G          |C        |G        |
Whatever happened to Saturday night,
|Am7     |G          |         |Dm7      |
Finding a sweetheart and holding her tight?
|                 |Am       |G     |C     |G       |
     She said, "Tell me, oh, tell me, was I all right?"
|C       |G          |D7       |G        |
Whatever happened to Saturday night?
```

Verse 2

```
|       ||G           |Em      |Am7       |
```
The years brought the railroad, it ran by my door.
```
              |D7        |          |C        |D
```
Now, there's boards on the windows and dust on the floor.
```
     |G           |Em      |Am7        |
```
And she passes the time ___ at an - other man's side
```
     |D     |D7        |G      |G7       ||
```
And I pass the time with my pride.

Bridge

```
|C      |      |G   |G7
```
What a tangled web we weave,
```
   |C        |      |G   |G7    |
```
Go 'round with circum - stance.
```
|C        |      |G   |Em
```
Someone show me how to tell
```
   |G     |    |C/G     |      |G        |       |
```
The danc - er   from   the dance.

Interlude

```
|Am        |E7      |Am       |E7         |
|Am        |E7      |C        |D          |D7       ||
```

Chorus 2

```
|Am7    |G        |C       |G        |
```
Whatever happened to Saturday night,
```
|Am7      |G        |Dm7      |
```
Choosing a friend and losing a fight?
```
|       |Am      |G   |C      |G        |
```
She said, "Tell me, oh, tell me, are you all right?
```
|C        |G       |D7     |Em        |       |
```
Whatever happened to Saturday night?
```
|C#°7    |G        |D7      |G    C |G        ||
```
Whatever happened to Saturday night?

Take It to the Limit

Words and Music by Don Henley,
Glenn Frey and Randy Meisner

(Capo 4th fret)

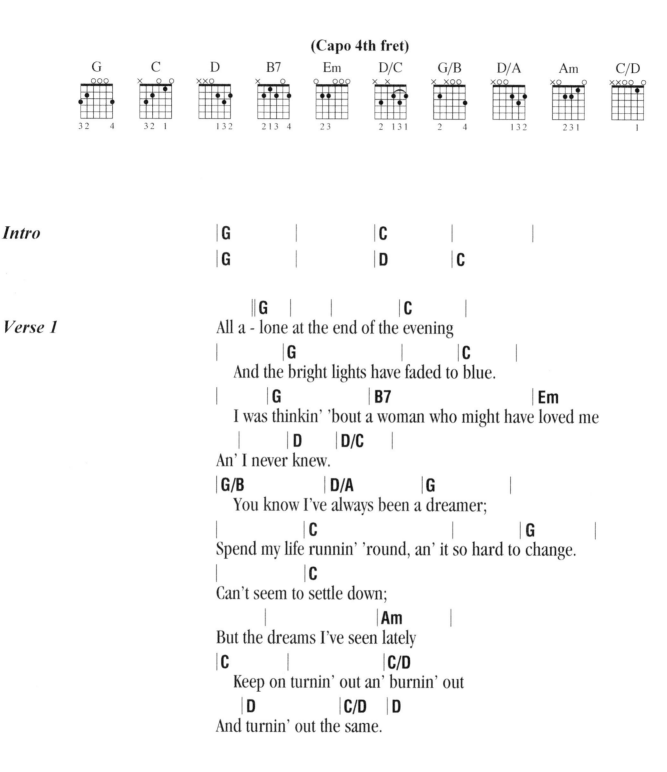

Intro

| G | | C | |
| G | | D | C |

Verse 1

|| G | | | C | |
All a - lone at the end of the evening

| | G | | C |
And the bright lights have faded to blue.

| | G | B7 | Em
I was thinkin' 'bout a woman who might have loved me

| | D | D/C | |
An' I never knew.

| G/B | D/A | G | |
You know I've always been a dreamer;

| | C | | | G |
Spend my life runnin' 'round, an' it so hard to change.

| | C |
Can't seem to settle down;

| | Am | |
But the dreams I've seen lately

| C | | C/D |
Keep on turnin' out an' burnin' out

| D | C/D | D |
And turnin' out the same.

Chorus 1

```
        ‖ C          | G
So put me on a highway
          | C         | G
An' show me a sign,
          | C         | D
An' take it to the limit,
                ‖   G        |
One more time.
```

Interlude

```
| C          |            | G          |            | D        | C
```

Verse 2

```
        ‖ G          |            | C          |
You can spend all your time makin' money,
|          | G          |            |    C       |
    You can spend all your love makin' time.
|     | G      | B7     | Em
    If it all fell to pieces to - morrow
        |            | D   | D/C     |
Would you still be mine?
| G/B          | D/A        | G          |    C
    An' when you're lookin' for your freedom, (Nobody seems to care.)
        |            | G    |          | C
And you can't find the door, (Can't find it anywhere.)
        |            | Am     |
When there's nothin' to be - lieve in,
| C          |                  | C/D
    Still you're comin' back, you're runnin' back,
    | D          | C/D    | D
You're comin' back for more.
```

Chorus 2

```
        ‖ C          | G
So put me on a highway
          | C         | G
An' show me a sign,
          | C         | D
An' take it to the limit,
                Em |     |     D |
One more ____ time.
```

Outro

```
‖: C          | D    | C          | D       |
    Take it to the limit, take it to the limit,
| C          | D      | G          |        :‖
Take it to the limit one more time.
```
                                    Repeat and fade
                                    w/ vocal ad lib.

Tequila Sunrise

Words and Music by
Don Henley and Glenn Frey

G   G6   Am   D7   D   Em

C   Dsus4   Bm   E   B7   A7

Intro

|G   G6 |G   G6 |G   G6 |G   G6 |
|Am7 |D7 |G   G6 |G   G6 ||

Verse 1

|G | | |
It's another tequi - la sunrise
|D | |Am |
Starin' slow - ly 'cross the sky,
|D |G | ||
Said goodbye.

Verse 2

|G | | |
He was just a hired hand,
|D | |Am |
Workin' on the dreams he planned to try,
|D7 |G | ||
The days go by.

Chorus 1

|Em |C |
Ev'ry night when the sun goes down,
|Em |C |
Just another lonely boy in town
|Em |Am |D |Dsus4 ||
And she's out runnin' 'round.

Verse 3

```
|G                        |              |
   She wasn't just an - other woman
|D                   |           |Am      |
   And I couldn't keep from comin' on,
|D        |G            |        ||
   Been so long.
```

Verse 4

```
|G                        |              |
   Whoa, and it's a hollow feelin'
|D                   |           |Am      |
   When it comes down to dealin' friends,
|D        |G            |        ||
   It never ends.
```

Guitar Solo

```
|G           |         |D         |            |
|Am7      |D7      |G         |            ||
```

Bridge

```
|Am            |D             |
   Take another shot of courage.
|Bm                 |E                    |Am        |
   Wonder why the right words never come,
|B7              |Em     |A7    ||
   You just get numb.
```

Verse 5

```
|G                        |              |
   And it's another tequi - la sunrise,
|D                   |                |Am      |
   This old world ___ still looks the same,
|D        |G            |        ||
   Another frame.
```

Outro

```
|G        |        |         |        |        ||
                      Mm.
```

Witchy Woman

Words and Music by
Don Henley and Bernie Leadon

| Gm | Dm | C5 | B♭5 | G5 | D7 | D | C | B♭ |

Intro

Gm	Dm		C5 B♭5 G5
Gm	Dm		C5 B♭5 G5	2/4
4/4 Gm				

Verse 1

|Gm |D7 |
   Raven hair and ruby lips,
| |Gm |
Sparks fly from her fin - gertips.
| |D7
Echoed voices in the night,
      | |Gm ||
She's a restless spirit on an endless flight.

Chorus 1

|Gm |D7 |
 Hoo, hoo, witchy woman,
| |C5 B♭5 Gm |
See how high she flies.
| |D7 |
Hoo, hoo, witchy woman,
| |C5 B♭5 Gm ||
She got the moon in her eyes.

Interlude 1

|Gm |D7 | |Gm ||

Verse 2

```
                        ‖ Gm                    | D7              |
```
She held me spellbound in the night,
```
       |                        | Gm             |
```
Dancin' shadows an' firelight.
```
       |                        | D7
```
Crazy laughter in an - other room,
```
                  |                              | Gm              ‖
```
An' she drove herself to madness with a silver spoon.

Chorus 2   *Repeat Chorus 1*

Interlude 2
```
‖: Gm        | Dm            |       D   |      Gm    :‖
```

Guitar Solo
```
| Gm          |              | C    B♭  | Gm        |
|             |              | B♭   C   | Gm        ‖
```

Interlude 3
```
‖:    Gm     | Dm           | D             | Gm          :‖
      (Ah.)
| Gm         | Dm           |               | C5  B♭5  G5  |
| Gm         | Dm           |               | C5  B♭5  G5
```

Verse 3

```
              ‖ Gm                        |
```
Well, I know you want to love her, let me tell you, brother,
```
       |           | C              B♭       | Gm
```
She's been sleepin' in the devil's bed.
```
                 |                        |
```
An' there some rumors goin' 'round, someone's underground;
```
                 | B♭              C              | Gm              ‖
```
She can rock you in the nighttime till your skin turns red.

Chorus 3

```
| Gm         | Dm               |
```
 Hoo, hoo, witchy woman,
```
|                        | C5  B♭5  G5  |
```
See how high she flies.
```
|           | Dm               |
```
Hoo, hoo, witchy woman,
```
|                          | C5  B♭5  G5  |
```
She got the moon in her eyes.
```
| Dm        | Gm           |
| Dm        | Gm           |        ‖
```

New Kid in Town

Words and Music by John David Souther,
Don Henley and Glenn Frey

Intro

|E | |B7 | | |
|Asus2 |B7 |E | | ||

Verse 1

|E | | |B7 | | |
　　There's talk on the street, it sounds so famil - iar.

|Asus2 |B7 |E | | |
　　Great expecta - tions, ev'rybody's watching you.

| | | |B7 | | |
　　People you meet, they all seem to know ____ you.

|Asus2 |B7 |
　　Even your old ____ friends

|E   F♯m7add4 |G♯sus4   G♯ ||
Treat you like you're some - thing new.

Chorus 1

```
 |C#m              |F#  |C#m              |F#       |
      Johnny come late - ly,     the new kid in town.
 |C#m       |F#      |F#m            |B7        ||
      Ev'rybody loves you.     So don't let them down.
```

Verse 2

```
 |E                        |F#m7  B7  |F#m7  B7  |
      You look in her eyes, the music be - gins to play.
 |Asus2         |B7            |E      |       |
      Hopeless roman - tics, here we go a - gain.
 |             |                |A     B7   |
      But after a while you're looking the other way.
 |A   B7      |Asus2  |B7      |
      It's those   restless hearts
              |E      F#m7add4  |G#sus4    G#  |
 That never mend.
```

Chorus 2

```
    ||C#m              |F#  |C#m              |F#       |
 Oh,   Johnny come late - ly,    the new kid in town.
 |C#m        |F#      |F#m            |B7        ||
      Will she still love you    when you're not a - round?
```

Guitar Solo

```
 |E           |        |B7      |          |
 |Asus2   |B7     |E      |       |
 |Aadd9  E/G#  F#m7add4  E*    ||
```

Interlude

```
 |B7                          |E      |       |
      There's so many things you should have told her,
 |B7           |                |C#m
      But night after night you're willin' to hold her,
     |F#    |Am7          |C/D    D    ||
 Just hold her. Tears on your shoul - der.
```

Verse 3

```
|G                        |
    There's talk on the street,
                        |C      D |C    D |
It's there to remind ____ you.
|C*              |D            |G        |          |
    It doesn't really matter which side you're on.
|                       |
    You're walking away
                        |C        D |C    D
And they're talking behind ____ you.
            |C                   |
They will never forget you till
|D                       |G     |B7     ‖
 Somebody new comes a - long.
```

Chorus 3

```
|Em                      |A       |
    Where you been late - ly?
|Em                      |A       |
    There's a new kid in town.
|Em          |A            |Am7
    Ev'rybody loves him, don't they?
                    |B7              |E    |G♯m7
And he's holding her and you're still a - round.
            |A        |
Oh, my, ____ my.
|B7              |E    |G♯m7  |A      |
    There's a new kid in town.
|B7              |E    |G♯m7  |A      |Am      ‖
 Just another new kid in town.
```

Outro

```
|E        |                     |C♯m      |        |
(Oo, hoo.) Ev'rybody's talking 'bout the new kid in town.
|E        |                     |C♯m      |        |
(Oo, hoo.) Ev'rybody's walking like the new kid in town.
|E     |                |C♯m    |
    I don't want to hear it.      I don't want to hear it.
    |E   |  |C♯m  |  |E   |                |C♯m    |
Ah, hoo.                  Ev'rybody's talking.
|                     |E   |  |C♯m  |  |E   |  |C♯m  ‖
People started walking.    Mm.    Mm.                    *Fade out*
```